# La paraplégique amoureuse.

Allez, fais-moi l'amour.
*(Théâtre).*

Claude Cognard.

ISBN-13: 978-1501099410

ISBN-10: 1501099418

# DEDICACE.

À tous mes amis, que l'on croise handicapés ou non, nous les aimons.

Double scène.

BOB.
LAURA.

# Scène 1

## Plateau : Chez BOB.

*Téléphone sonne. BOB décroche, traverse la pièce en se tenant le flanc gauche et s'assoit avec difficulté dans un des fauteuils.*

BOB. Oui, Jérôme ! quoi, Jérôme ? oui, oui ?

BOB. (*Au téléphone*). Écoutez-moi, Jérôme, c'est dimanche !

Vous le savez ? vous savez quoi ?

Que c'est Dimanche ? on ne dirait pas que vous le savez, sinon vous ne seriez pas là au téléphone !

D'après vous, moi, j'aurais juré devant témoins, que les cadres ne me dérangeaient jamais et qu'ils pouvaient me téléphoner quand ils le voulaient et aussi souvent qu'ils le voulaient , moi ?

Eh bien,… (comme s'il allait nier, puis)… c'est vrai…

Sauf aujourd'hui…

Oui ! Aujourd'hui, vous m'emmerdez !

Si, je suis seul ?

Eh alors ? En quoi ma solitude, vous regarde-t-elle ?

Mireille ?…

Eh bien, quoi  Mireille ?

Vous appelez ma femme par son prénom, vous ?

Vous connaissez ma femme ?

C'est ça ! C'est ça !  Vous la connaissez bien ? C'est ça !

vous n'êtes pas le seul à la connaître …

(snob).

Comment cela, s'il y en a d'autres qui la connaissent, mais ils ne la connaissent pas autant que vous… ?

(*En aparté*).

Le con… il parle de quitter.

(*Au téléphone*).

Quitté ? quitté qui ? quitté moi ? Elle ? …

Je répète ce que vous dites ?

…..Je répète ce que je veux…

Elle m'aurait quitté, elle ?

C'est cela oui ! c'est cela !

Et moi, je suis cocu pendant que vous y êtes !

Informé ? Vous ?

…Et pas moi ?

(*Il se lève brusquement*).

Aïe !

Oui, (*il se tient le dos*) ça fait mal…

J'ai mal au dos, aucun rapport !

Et vous insistez ? (*en aparté*)… et il insiste le con…

*(Il hausse le ton)*.

Vous êtes un grand handicapé, vous !

Il ne vous manque que la chaise roulante…

Vous vous croyez comique ?

Un conseil ! Restez responsable technique, je doute que vous ayez du succès sur scène…

Oui, sur scène… si l'idée de poursuivre votre carrière de comique se confirmait…  !

Mais, enfin… Je vous paie pour quoi ?

*(Très directif)*.

Pour encadrer le personnel !

Pour surveiller les autres, nom d'une pipe !

Pour me rapporter, ce que disent, fomentent, critiquent  les ouvriers ? Les employés ? les…

C'est le rôle d'un responsable technique, non ?

Justement ?

Justement quoi ?

Demain les personnels seront en grève ?

Mais c'est lundi !

Comment ça « heureusement » ?

Quoi ? Parce que ce serait con qu'ils fassent grève un dimanche ?!...

Ne me prenez pas pour ce que je ne suis pas...

Après Madame Soleil, monsieur Soleil !

Vos ouvriers réclament une augmentation !    *(il s'étrangle).*

Ils vous l'ont dit ?

À vous ?

Je ne veux pas le savoir...

*(Il tousse).* Augmentation ? effacez ce mot de votre vocabulaire !

M'en fiche ! Effacez-le !

Dans le dictionnaire ou pas vous l'effacez ...

Aie ! Aie ! J'ai mal !

Le mot « augmentation » est tabou !

Il y a des mots qui font mal.

Un pléonasme ?

Tout dépend, comment vous écrivez « maux » , *(en aparté)*, mais il m'emmerde ce débile, ce crétin, cet handicapé de l'autorité !

*(Au téléphone).*

Ils ne sont qu'au Smic ? nos ouvriers ?

Au Smic ? Ils gagnent tant que ça !

De quoi se plaignent-ils alors ?

Vous voulez la mort de mon entreprise ?

Elle a toujours été fleurissante cette entreprise...

*(Il écoute et resaisit).*

Quoi ? Mon Beau-père ?

S'il vous entend, il doit se retourner si vite dans sa tombe qu'avec un peu de chance Il va nous creuser un deuxième tunnel jusqu'à l'Angleterre.

Comment ça, « ça nous fera un nouveau contrat » ?

Vous êtes handicapé de la comprenette ?

Comment ça, mon beau-père lui se démerdait pour nous trouver du travail ?

Vous m'emmerdez Jérôme ! Vous m'emmerdez !

Et je le redis... si je veux.

Eh bien, Jérôme, démerdez-vous !

Vous vouliez faire le point ?...

Avant de partir ?

Pourquoi avant de partir ?

Parce que après, ce sera trop tard ?

Je ne comprends pas... partir où ?

Mais bien sûr que je vous écoute... Je ne fais que ça ! alors où partez vous ?

Cela fait dix minutes que vous essayez de répondre à cette question précisément ?

Vous n'êtes pas rapide !

Alors pourquoi ne l'avez-vous pas encore dit ?

Vous ne me direz pas « où », mais avec qui ?

Je m'en fiche d'avec qui ? vous partirez bien avec qui vous voulez !

*(en aparté).* Il est taré ! c'est un grand malade...

*(Au téléphone).* Si c'était ma femme, est-ce que je m'en ficherais toujours... ?

C'est une question, ça ? vous oubliez que je suis votre patron !

Ma femme ? *(il tousse, s'étrangle).* Vous partez avec ma femme ?

Ma femme ? Ma femme, femme ? Ma Kerry ?

Il y a longtemps que ce n'est plus ma Kerry… ! Vous déconnez ?

Vous parlez à votre patron ! vous l'avez oub…. Allez ! Vous êtes viré !

Impossible ?  Pourquoi, impossible ?

Car l'entreprise appartient  à Kerry et qu'elle seule peut virer un responsable…

*(Il raccroche sec – il se jette sur son canapé. )*


BOB. Non, mais je rêve. Tu l'as entendu ? Il serait capable de revenir, LUI, pour me virer, Moi ! on marche sur la tête !


**<u>(en face sur le plateau de Laura).</u>**


*( Voix d'une femme qui chante à Tue-Tête et faux, joue du piano comme personne – il se relève énervé, ferme brutalement la fenêtre).*


BOB. Elle ne va pas la fermer, merde ! *(en hurlant).*

Tu la fermes oui ?

*(Il revient se jeter une nouvelle fois dans le canapé).*

BOB. La salope ! Me tromper, c'est insupportable, mais me tromper avec ce paralytique de l'imagination... cet hémiplégique de la connerie, ce handicapé du cerveau, c'est ... ! *(il se met à hurler).* Si la pétasse d'à côté, recommence son spectacle de merde, je prends la carabine et je la plombe... et pas avec du gros sel ! *(Il met les mains en porte-voix).* Martine, venez fermer la fenêtre ! Martine, vous m'entendez, oui ou Miel ? Aujourd'hui, les gens m'exaspèrent ! J'oublie toujours que cette idiote de femme de ménage est sourde et muette. Encore une idée de ma femme ! *(indignée).* Une handicapée à la maison ! chez moi !... Il y a des maisons spécialisées pour s'occuper d'eux...

*(Il se lève d'un coup ; brusquement, <u>il hurle de douleur, se tient le dos, prend appui sur la table</u> basse de salon, et revient sur le canapé. L'inconnue chante encore plus fort et encore plus faux).*

BOB. Aaaah ! J'ai mal ... Kerry ! Kerry !... je t'aime,

reviens ! *(Il n'arrive pas à s'asseoir – il se laisse chuter dans un fauteuil en hurlant – Son portable émet un bip – il finit par trouver une position confortable et souffle).*

BOB. Un message ? Il attendra. *(Il râle).* Où a-t-elle disparu, cette pétasse de … ? *(il appelle).* Martine… *(Râle – il tire son portable de sa poche).* Tiens ! Justement, un message de Martine ! Miracle, elle a dû m'entendre, elle me répond par message. Trop de messages tuent le message ! Elle va comprendre de quel bois je me chauffe… Quoi ?

BOB. *(Il lit).* Je vous quitte, je suis partie avec madame ! Madame? Hein ? Mouais ! la conne ! c'est une coalition… C'est ça, la reconnaissance du monde, vous vous sacrifiez, vous leur donnez le confort, un peu d'argent sous forme de salaire et …*(silence)*… de toute façon dans cette entreprise, c'est moi qui fais tout ! et si je n'étais pas arrivé à temps pour reprendre le manche, il y a longtemps que tous ces pecnots, pointeraient au chômage !

*(L'inconnue chante encore plus fort).*

BOB. J'en déduis que je vais devoir me débrouiller seul pour prévenir les secours ! *(Il glousse, puis recommence à geindre)…*


BOB. Aïe ! Aïe ! Aïe ! Aïe ! Aïe ! … *(Il prend son portable).* J'ai l'habitude… enfin … l'habitude de me… Allô Docteur ! Merde, encore un répondeur… *(Au téléphone).* Aïe ! Aïe ! Aïe ! Aïe ! Aïe ! *(Il raccroche).* … eh bien voilà ! Autrefois, tu téléphonais le dimanche, jours fériés, même la nuit, le médecin ou sa femme te répondaient. A croire que maintenant, mêmes les lombagos font 35 heures par semaine ! Eh bien pas le mien, je souffre. Je vais téléphoner au 15. Pays de … mé… crotte ! Je suis oublié, humilié, paralysé probablement ! Aïe ! Aïe ! Aïe ! Aïe ! Aïe ! … Autour de moi, on me déteste et on me … dénigre ! Pauvre BOB, c'est, la fin… reconnais-le ! Plus qu'à attendre la mort. *(Il râle de souffrance, il essaie de se redresser, mais la douleur est trop intense, allongé sur le ventre, il pose son téléphone directement sur le sol).* Même si ici, ce village est le trou de balle du monde, il doit y avoir des ostéopathes, des kinés dans ce village, acceptant de se déplacer un dimanche, non ?


BOB. *(Sur son téléphone mobile).* Pages jaunes ! On se demande pourquoi jaunes ? Sûrement parce que ce sont les Asiatiques qui fabriquent tous ce qui…. *(Il suspend sa phrase)*. Bien … enfin, j'ai de la chance, tiens juste à côté de chez moi, une kinésithérapeute, ostéopathe… je l'appelle…et si ça se trouve, elle est mignonne et… qui sait,  pas trop sauvage…  *(Il compose le numéro en riant)*. Encore un répondeur :

## Plateau : (chez Laura).

*(Dans son fauteuil roulant, elle inspecte la salle de massage ; arrange quelques fleurs dans un vase. Elle chante… puis, elle sort de la pièce…)*

## Plateau : (chez BOB – *il est au téléphone*).

REPONDEUR VOIX CONFUSE TRAINANTE.

Vous êtes bien chez Laura Sudiste, laissez-moi un message en précisant votre nom et votre adresse et la nature de votre douleur.

BOB. BOB Kimady, 35, chemin de la prairie verte, à Montmartre les Andouilles. Aïe ! Aïe ! Aïe ! Aïe ! Aïe ! ... Douleurs dorsales, cervicale, intestinales, *radicales comme le parti* ! *(Il raccroche brusquement).* Si elle me rappelle avant lundi, moi qui suis athée comme un lévrier, je fonce allumer des cierges à ... à ... à l'église !

BOB. Le monde me hait ! Je hais le monde ! J'hésite encore entre le nucléaire et le gaz Sarin pour exterminer le monde. Quant à l'autre, la kiné... ça fait ... peuh ! Déjà trois minutes de passées... (*En essayant de se relever*). Comment voulez-vous que la France se relève ? Aie !

*(Sonnerie du téléphone).*

BOB. L'amant de ma femme ? à tous les coups.

*(Il hésite).*

BOB. Jérôme, ce con, va me proposer un duel, à l'ancienne ? il en est capable ! les quadras se croient tout permis… eh bien qu'il vienne. Pour ma femme ? Moi, est-ce que j'accepterais de courir le risque de le blesser, lui ? Sûrement pas ! Qu'il la garde. (*Il décroche*). Allô ! Jérôme… ?

LAURA. Bonjour, je suis la kiné, je suis à deux pas de votre maison, si vous le voulez, je vous recevrai de suite. Venez sur-le-champ.

BOB. Sur-le-champ ? Peu importe que ce soit sur-le-champ ou sous le champ, je n'arrive pas à me déplacer… sûr que le gouvernement fait tout pour le handicapé lamba dans son fauteuil, mais le mec qui souffre comme moi, lui, il se démerde ! et l'autre ? Elle a raccroché… sans rien demander ! À croire qu'il y a le feu chez elle ?

# Scène 2.

## Plateau : (chez Laura).

*BOB ouvre la porte d'entrée, il pointe le nez, il avance avec difficulté, en s'appuyant sur les murs.*

BOB. Personne !   C'est écrit : « entrez sans sonner » !

*Laura très belle jeune femme entre en fauteuil roulant, sacoche sur les genoux.*

LAURA.  Bonjour !

BOB. *(Presque méprisant).* Bonjour ! *(il prend appui sur les meubles et les chaises, autour de lui pour progresser).*

LAURA. Vous arriverez à vous allonger sur la table ?

BOB. *(Il la fixe, secoue la tête).* Dois-je comprendre que si je n'y parvenais pas, vous vous proposez de m'aider, vous ?

LAURA. *(Feignant l'indifférence).* Je vous laisse vous débrouiller...

*BOB se met à plat ventre en travers de la table, pivote, puis se retrouve en long sur la table de massage.*

LAURA. Vous souffrez ?

BOB. *(Il la détaille, puis ironique).* Non, je suis de la comédie française, je suis ici pour interpréter le rôle du pauvre type qui s'est bousillé le dos. Plutôt que d'énoncer des conneries, prévenez votre patronne. Ça urge....Aïe ! Aïe ! Aïe ! Aïe ! Aïe !

LAURA. *(Railleuse)*. Oui, vous souffrez vraiment.

BOB. (*Il l'observe fixement*). Vous êtes en fauteuil ?

LAURA. Oui, bien observé !

BOB. Bien observé ? C'est-à-dire ?

LAURA. Ça se remarque, n'est-ce pas ?

BOB. Quoi ?

LAURA. Le fauteuil !

BOB. Oui, quoi ! (*agacé.*) Vous cherchez à me faire pleurer ?...

LAURA.   Je n'en ai pas l'intention. Tournez-vous !
Allez !


BOB. (*Surpris*). Ben ... Vous...


LAURA. (*Sur le ton de la confidence*). Je préfère
rester dans mon fauteuil, c'est plus confortable...


BOB. Ah ?


LAURA.   Quoi ? Je suis handicapée et alors ?


BOB. Rien ! Les handicapés ont comme... comme les
autres le droit d'être... enfin, on s'occupe bien des
animaux, non ?


LAURA.   Incroyable, le nombre de personnes qui s'en
rendent compte longtemps après que nous nous
soyons croisés...


BOB. (*Ne comprend pas*). Croisés quoi ?

LAURA. Non pas quoi, mais qui !

BOB. *(Ne comprend pas).* Pas quoi, mais qui ? mais qui quoi ?

LAURA. Eux et moi ? laissez tomber.

BOB. Soyez précise, vous n'êtes pas handicapée de la langue, si ... alors, ils rendent compte de... ?

LAURA. Vous voyez vous-même, vous ne vous en êtes pas aperçu...

BOB. *(Il regarde autour de lui).* On nous surveille ? la CIA, le FBI ,

LAURA. Je suis malentendante, je lis sur vos lèvres...

BOB. Mes lèvres ? tiens ? Que sur les miennes ?

LAURA.  Sur celles des autres aussi.

BOB. Vous me rassurez !

LAURA.  Ce que je lis, conforte ce que j'entends...

BOB. Ne vous vantez pas, il y en a qui lisent dans les mains !

LAURA.  Vous voulez bien retirer votre chemise.

BOB.  Je préfère attendre que la kinésithérapeute soit présente...

LAURA.  Elle est présente...

BOB. Qu'elle se presse, alors !

LAURA. C'est moi qui vais m'occuper de vous.


BOB. Ah bon ! Je ne suis pas pressé, vous savez ! je peux attendre...


LAURA. Je sais... *(elle montre la table).* Vous avez remarqué que la table n'est pas très haute.


BOB. On s'en fiche.


LAURA. Non ! elle est adaptée à ma ...


BOB. *(Sans bouger).* Soit, bon... *(Il cherche s'il aperçoit quelqu'un d'autre).*


*(Il se retourne et enlève sa chemise en grognant).*


LAURA. Allez !

*(Il grogne davantage, en se remettant sur le ventre).*

LAURA. *(Elle lui palpe le dos).* Vous avez mal ici ?

BOB. Aie ! *(Il essaie de se relever).* Pas touche ! C'est un travail de professionnelle.

LAURA. Je suis kiné professionnelle !

BOB. N'importe quoi ! vous ? une handicapée ?

LAURA. Vous voulez ma carte ?

BOB. *(Il se redresse).* Kinésithérapeute ? vous ? Déconne ! Kinésithérapeute ? vous ? Non, ça ne va pas ... *(il la détaille).*

LAURA. Rassurez-vous, j'ai l'habitude de masser...

BOB. (*Presque effrayé*). Vous me massez ? comment ?

LAURA. Avec mes roues ! C'est très efficace !

BOB. (*Inquiet*). Avec les roues ?

LAURA. (*Elle le masse délicatement*). Tenez-vous correctement, sinon je vous laisse à votre douleur.

BOB. Je préfère ! (*Il se lève et essaie de faire quelques pas, mais nouvelle crise*). Aie ! Aie ! Aie ! Aie ! Aie !

LAURA. (*en montrant la table de massage*). Revenez !

*BOB s'exécute.*

LAURA. Vous en avez plein le dos, c'est ça ?

BOB. Plein le dos ! (*rire bref*). Au propre comme au figuré.

LAURA. (*Elle continue les massages*). Quand on ne peut plus dire les choses avec les mots, m-o-t-s, on les dit avec les maux M-a-u-x !

BOB. Et voilà, handicapée, kiné et psychologue... bon, je connais la psychologie de supermarché aussi bien que vous.

LAURA. Ce n'est pas parce que l'on connaît, que la souffrance nous épargne. Alors ?

BOB. Alors quoi ?

LAURA. Des soucis ?

BOB. (*Ironique et agressif*). Non, pensez-vous ! Ma

femme m'aurait quitté ce matin... Je me suis fait un lumbago ... et je me fais examiner par une handicapée parce qu'aucun professionnel ne travaille le dimanche !

LAURA.   Allez ! On va soigner ! Il y a pire, vous savez !

BOB. Pire ? Je m'en fiche ! Que les autres gardent leurs souffrances... et s'ils veulent la mienne, je la leur donne volontiers. Aie ! Vous m'avez fait mal !

LAURA.   Pardon ! (*Puis avec la volonté de bavarder*). Des enfants ?

BOB. Pourquoi ? Vous voulez m'en offrir ?

LAURA.   Vous n'êtes pas mal, c'est le caractère qui me ferait hésiter...

BOB. Je ne veux pas vous faire de peine, mais je ne vois pas marié à une...(*il n'ose pas dire Handicapé*), à une Kiné, quoi !

LAURA.  Surtout si elle est handicapée, c'est ça ?

BOB. Vous ne savez pas ce que c'est qu'être mariée et vous n'êtes pas prête de le savoir…

LAURA.  J'ai été mariée !

BOB.  Ah bon ! ça, ça m'éton.. (*hésitation*)… surprend !

LAURA.  Il était paraplégique…lui aussi !

BOB. Ah oui, je comprends mieux ! Divorce ?

LAURA.  Il contournait des voitures en stationnement sur le trottoir, un camion est venu le percuter. Mon mari est mort sur le coup !

BOB. Les handicapés avec leurs chaises roulantes, ne devraient pas être autorisés dans la rue. C'est dangereux. Le camion aurait pu écraser quelqu'un...*(elle se reprend et pour excuse)...* en voulant l'éviter, quoi ?

LAURA. Sûr ! en tout cas, ce jour-là, j'ai perdu mon mari, je l'aimais...

BOB. Si, vous en avez trouvé un, vous en retrouverez un autre, ce n'est pas ce qui manque... surtout les infirmes...

LAURA. Il s'appelait Franck.

BOB. Oui, je me doutais qu'il avait un nom, quoi ! Il faut bien que vous puissiez vous ...

LAURA. Vous ?

BOB. Vous reconnaître... vous reproduire ... enfin, le nom c'est comme une référence sur un paquet de gâteau, ça évite que l'on se trompe…

LAURA. Avant toute chose, le nom, c'est pour nous permettre de nous appeler !

BOB. Vrai !

LAURA. Franck et moi, nous nous connaissions depuis l'âge de quinze ans…

BOB. S'il était handicapé, cet accident a dû être le bienvenu et cette mort a dû être un soulagement pour lui et sa famille.

LAURA. Quoi ? Comment ? Un soulagement ?

BOB. Pour une famille avoir un handicapé, c'est un fardeau, non ?

LAURA. Si un jour on décerne un palme à la connerie, postulez vous avez vos chances !

BOB. Il faut bien dire les choses comme elles sont ?

LAURA.  Et comment sont elles les choses, selon vous ?

BOB. Plutôt que de souffrir ici-bas...

LAURA.  Souffrir ici-bas ?

BOB. Oui souffrir quoi ! Il vaut mieux ...

LAURA.  Mourir ?

BOB. Ne pas souffrir là haut, hein ?

LAURA.  Au paradis ?

BOB. Oui ! C'est dur à admettre, sans parler des autres, des amis... ce n'est simple pour personne, si ?

LAURA. Vous savez de quoi souffrent la plupart des handicapés ?

BOB. Je m'en doute !

LAURA. Nous souffrons du regard des autres !

BOB. Ah non, franchement, devant vous, je tourne la tête. Il faut apprendre à ne pas se mêler de la vie des autres... à regarder ailleurs. Moi, les estropiés... enfin, les invalides, (*il s'enfonce*)... je ne les regarde jamais...

LAURA. Indifférent, c'est ça ?

BOB. Pas du tout, moi, je... Nous sommes tous prêts à tout pour ... Pour ...

LAURA. Pour ? Pour ne pas avoir pitié de nous ?

BOB. Non, ce n'est pas ça ! enfin, je…

LAURA.    Pour ne pas être dégoûtés lorsque vous nous croisez !

BOB. Difficile à exprimer…

LAURA.    Sûr que vous préféreriez ne pas nous trouver autour de vous ! Un infirme, ça fait désordre ! C'est moche, ça gêne, il y en a même qui râlent, qui hurlent, qui pleurent… qui sont agressifs…

BOB. Non, mais ce n'est pas ça …

LAURA.    Alors c'est quoi ? c'est parce que certains sont incontinents, ils pissent, ils chient, ils puent… (pause)… ils rotent, ils pètent…

BOB. Non, ce n'est pas ça !

LAURA. Alors c'est quoi ?

BOB. Ces hommes et ces femmes infirmes n'ont pas accès aux plaisirs de la vie, aux plaisirs de base...

LAURA. *(Surprise).* Aux plaisirs de bases, il y aurait donc des plaisirs de base ? De quelle base ? vous mélangez tout ! De quels plaisirs parlez-vous ?

BOB. C'est logique !

LAURA. Vous croyez qu'il y a une différence entre une handicapée comme moi et vous ?

BOB. Je ne sais pas... enfin, oui, la différence est évidente...

LAURA. Évidente, la différence ? Pour vous peut-être ! pour moi non ! en tout cas, s'il existe une

différence, elle n'est pas dans l'amour ! Croyez-moi !
Nous savons aimer et être aimés lorsque nous
sommes en présence de quelqu'un sincèrement
capable de nous aimer...

BOB. (*il l'interrompt*). Oui ! Votre mère doit vous
aimer, votre père, vos frères aussi...

LAURA. Oubliez mes parents ! Ce que je veux dire,
je sais partager, je sais donner et recevoir, mais ce
que je veux préciser aussi, c'est que j'aime baiser, me
faire baiser...

BOB. Un plan cul avec une invalide... c'est horrible !
Perverse, avec ça ?

LAURA. Pour nous le problème ne se place pas là,
où vous le situez.

BOB. Je refuse de le savoir !

LAURA. Ce sont les escarres que nous brûlent,

rongent, dévorent les fesses et qu'il faut traiter sans cesse, ce sont les membres qu'il faut masser pour qu'ils conservent un minimum de souplesse…

BOB. Oui, bon ça va ! J'ai mes soucis moi aussi.

LAURA.  Là le long de mon siège, je dispose d'un sac, d'une pochette,et  ce n'est pas pour  y ranger mes papiers, mais pour y stocker ce que mon corps ne peut plus retenir… Vous voulez que je vous montre.

BOB. Arrêtez, si vous continuez, je porte plainte pour…

LAURA.   Pour ? Finissez vos phrases ! Je ne demande pas de pitié, mais simplement d'être considérée comme une personne… invalide ou non, mes neurones fonctionnent comme les vôtres, mon esprit est comparable au vôtre ! Et mon corps possède cette chance de jouir comme le vôtre !

BOB. A prouver !

LAURA. Vous êtes seul aujourd'hui ?

BOB. Oui, et alors ? ... Parfois, il vaut mieux être seul que mal accompagné.

LAURA. Je vous propose de me consacrer une journée entière...

BOB. Je me répète, il vaut mieux être seul que mal accompagné.

LAURA. Crétin !

BOB. Crétine ! J'ai autre chose à faire !

LAURA. Autre chose ?

BOB. Oui !

LAURA. Vous lamenter sur le départ de votre femme, c'est ça ?

BOB. (*Il se redresse*). Bon allez, …

LAURA. Vous avez tort !

BOB. Et le tort tue, et la tumeur, je sais !

LAURA. (*elle arrête les massages et s'essuie les mains*). Un tour en voiture, ça ne vous dit rien ?

BOB. Non merci, ma voiture est au garage et elle y restera.

LAURA. Vous plaisantez, c'est moi qui conduis !

BOB. (*Il se met sur ses pieds*). Vous ? Au volant ?

LAURA. (Sur *le même ton*). Oui, moi ! Au volant ! Vous ne m'en sentez pas capable ?

BOB. Je ne tiens pas à mourir !

LAURA. Laissons tomber ! (*elle roule jusqu'à son bureau*). Vous avez apporté votre carte vitale ?

BOB. Pour l'hôpital ?

LAURA. Comment pour l'hôpital ?

BOB. En cas d'accident !

LAURA. Non, pour payer votre séance, car figurez-vous que je ne travaille pas gratos... *(elle roule jusqu'au bureau)*. Vous pouvez vous lever.

BOB. *(il se lève avec difficulté)*. Parce qu'en plus,

vous prenez la carte vitale, vous ?

LAURA. Non, ça suffit ! Bon, carte ou pas carte ? À moins que vous préfériez régler les honoraires, vous-mêmes, donnez moi la carte !

BOB. Calmez-vous ! Je vous la donne, elle est là... (*Il cherche dans ses affaires et la lui tend).*

LAURA. En tout cas, ma proposition de virée en voiture reste valable. Si à 15 heures, vous ne m'avez pas donné de vos nouvelles, j'irai seule faire un tour en ville.

BOB. En plus, vous vouliez m'emmener en ville ?

LAURA. Ou dans un lieu désert, mais peut-être avez-vous peur que je vous viole ? Hé ! Hé ! Une invalide viole un quinqua ! Vous imaginez la manchette des journaux ? Hein...

BOB. Allez ! Je n'imagine rien du tout !

LAURA. Côté imagination, j'ai noté que vous n'étiez pas nanti.


BOB. Merci ! C'est ma fête ?...


*(Elle l'accompagne vers la sortie).*


BOB. Vous aurez eu un client,... grâce à moi.


LAURA. Et vous, les services d'une kinésithérapeute grâce à moi...


BOB. Enfin, moi... pas de ... *(il suspend sa phrase)*. Mais, vous, ne me dites pas qu'ils font la queue pour se faire soigner chez vous.


LAURA. Merde !


*(Il s'apprête à sortir).*

LAURA. *(agacée).* Et ne me remerciez pas, je ne suis qu'une infirme et ce que font les infirmes ne mérite pas de considération !

BOB. *(Irrité).* Eh bien ! Vous souhaitez peut-être que je vous baise les pieds ?

LAURA. Non, juste que vous me traitiez avec quelques égards.

BOB. Avec des égards ? Je vous aurais manqué d'égards, c'est ce que vous voulez dire ?

LAURA. Non, ce que je veux dire… *(elle suspend sa phrase).* Vous vous sentez mieux après mes messages ?

BOB. Pour l'instant, non !

LAURA. Je pensais que la paraplégique, un peu

sourde que j'étais, pouvait au moins espérer un
« Merci ». Simple !


BOB. Mais, je vous ai payé ! *(Il claque la porte).*

# Scène 3.

(*Retour chez BOB. Bob, deux pieds dans le plâtre, est dans une chaise roulante, il transporte deux béquilles. Laura le suit.*).

LAURA. Il va falloir travailler les bras si tu veux développer ta musculature, toi aussi... (*elle avance vers le fond*).

BOB. (*Il roule derrière elle*). Arrête ! je suis mille fois, plus fort que toi ! **assieds-toi !**

LAURA. Merci !

BOB. Pardon, je suis idiot.

LAURA. Idiot de m'avoir invitée à m'asseoir ? ...(*par la force des bras, elle passe de son fauteuil au canapé).*

BOB.  Ben oui ! *(il se dresse sur ses béquilles avec difficulté).*

LAURA.  En fait, tu viens de me traiter comme tu l'aurais fait avec n'importe laquelle de tes amies ?

BOB. *(Gloussement satisfait).* Je suis heureux de t'avoir rencontrée.

LAURA.  Comment ça ? c'est nouveau.

BOB.  Tu sais ce que je veux dire.

LAURA.  Tu hurlais si fort que quelqu'un aurait bien fini par venir à ton secours.

BOB.  Je me le demande... double fracture ! *(il chancelle sur ses béquilles, tire une chaise comme il peut, et s'assoit).*

LAURA. (*ironique*). Je note que tu ne te plains plus de ta lombalgie…

BOB. Comique !

LAURA. Descendre toutes les marches de l'escalier… En une fois ! tu as dû te douter que tu n'en sortirais pas indemne.

BOB. J'ai toujours rêvé de devenir cascadeur… (*il se relève et essaie de se déplacer vers la partie cuisine, mais il se rassoit*) .

LAURA. Tu constates que même handicapée, une voisine peut-être utile à un homme, n'est-ce pas ? (*elle rit fière d'elle*).

BOB. Évidemment !

LAURA. Pourtant, tu n'en étais pas convaincu,

lorsque tu as débarqué chez moi, la première fois…

BOB.  Suffit !

LAURA.  Pas question de te mettre mal à l'aise, mais, l'idée que je puisse te conduire en voiture, ne t'enchantait guère…

BOB.  Tu exagères ! Ce n'était pas ça…

LAURA.  C'était quoi ?

BOB.  Je ne te connaissais pas…

LAURA.      Tu avais peur que je t'agresse sexuellement… (*silence*).

BOB.  J'ignore toujours s'il faut rire de ce que tu dis ?

LAURA. Tu as oublié ta femme ?...

BOB. *(il rit).* C'est vrai... comme quoi, entre elle et moi, c'était déjà fini.

LAURA. Sans ta voisine kinésithérapeute, tu serais où ?

BOB. En train d'hurler « à l'aide », dans la pièce voisine ? Dire que j'ai traité mon contremaitre de handicapé. Comme si handicapé pouvait être une insulte.

LAURA. On est cons parfois !

BOB. Plus que cons, oui ! On utilise des mots comme insultes sans réaliser que ces mêmes mots qualifient des êtres sensibles et bons qui ont mille raisons de se plaindre et qui souvent ne le font pas. *(il se relève avec l'intention de lui proposer à boire*

LAURA. Moi, je me plains, tu sais... mais bon ! Mes

patients m'aiment … alors…

BOB.  Tu veux boire quelque chose ?

LAURA.  Café !

(BOB sautille en se servant maladroitement de ses béquilles, il passe dans la cuisine).

BOB. (De loin). Pardon pour la naïveté de mes propos, mais traiter les autres de handicapé, c'est ignorer le sens réel de leurs propos.

LAURA.  Ils ont peur.

BOB.  Ça doit te paraître idiot, ce que je dis, hein ?

LAURA.  Non, pourquoi ?

BOB. Trop clichés...

LAURA. Non, tu comprends ce que je ressens... enfin, je crois.

BOB. Ce matin, mon contremaître, m'a traité de paralytique de l'imagination... d'hémiplégique de la connerie, de handicapé du cerveau.

LAURA. Décidément, le handicap nourrit vos expressions.

BOB. J'en prends conscience.

LAURA. C'est lui qui a utilisé ces expressions... ? tu es sûr ?

BOB. *(il bougonne).* franchement...

LAURA. Pas toi ?

BOB. Ah non, jamais !

LAURA. Ironie du sort, tu te retrouves momentanément handicapé avec une handicapée chez toi.

BOB. *(Il revient avec deux cafés).* Ma femme ne supportait pas notre femme de ménage.

LAURA. Ah ! On ne pas supporter tout le monde.

BOB. Elle ne l'aimait pas parce qu'elle était sourde.

LAURA. Encore ? Parle-moi plutôt de ce que tu supportes ou ne supportes pas toi… quand tu me parles des autres et de ce qu'ils pensent de certains sujets, je ne suis pas sûr que tu sois très sincère …

BOB. Les gens se montrent intolérants. *(il dépose les tasses).*

LAURA. Face à nous, ils agissent comme s'ils étaient face à des miroirs.

BOB. Face à des miroirs ?

LAURA. Des miroirs qui leur renverraient une image imparfaite, une vision inconfortable d'eux-mêmes.

BOB. Mouais !

LAURA. Comme si en voyant un handicapé, il craignait de s'apercevoir eux...

BOB. Je ne suis pas sûr de te suivre. *(il regarde sur le plateau).* Sucre ? *(Il va chercher du sucre).* Que veux-tu dire ?

LAURA. On ne supporte pas les objets cassés, on ne supporte pas le monde abîmé, on est conditionné pour n'obtenir, pour n'être entouré que d'objets,de choses et mêmes d'êtres parfaits. Les restes, c'est rubbish ! Garbage ! de la merde quoi.

BOB. Tu es belle, tu sais ?

LAURA. Non !

BOB. Non, quoi ? Non je ne suis pas belle, ou non, je ne sais pas...

LAURA. On ne me l'a jamais dit... enfin hormis mes parents, mes grands-parents, quelques amies femmes...

*(BOB se rapproche d'elle, à côté d'elle − ils boivent leurs cafés en silence. Elle se retourne lui sourit. Après lui avoir saisi les deux mains il dépose un rapide baiser dans une des paumes de l'une d'elle et se relève grâce à ses béquilles et il va s'asseoir en face dans le fauteuil).*

LAURA. Que de chemin parcouru ...

BOB. *(il feint ne pas avoir compris).* Entre ces deux fauteuils ? *(il rit).*

*LAURA.* Non,dans ta tête, depuis notre première rencontre !

BOB. Je ne confie pas mon dos à la première jeune paraplégique rencontrée...

LAURA. Pourquoi t'es-tu éloigné ?

BOB. Pour mieux te contempler ! tu es belle !

LAURA. Merci ! tu n'es pas mal non plus...

*Bob rit, Gené puis il se laisse aller à un rire plus spontané...*

BOB. Ah ?

LAURA.  Fais-moi l'amour !

BOB.  Moi ?*(il panique).*

LAURA.  Oui, je n'aperçois personne d'autre que toi et moi,  ici …

BOB.  Mais…

LAURA.  Allez, fais-moi l'amour…

BOB.  Avec mes béquilles ?

LAURA.  Non, normalement…

BOB. Non, mais tu…

LAURA. *(Elle repasse dans son fauteuil).* Rassure-toi, j'ai une chambre et un lit...

BOB. Oui, mais, on ne risque pas de...

LAURA. De ?   mais c'est quoi au juste ? je t'impressionne ?

BOB. Et tu ...

LAURA. Tu, quoi ?

BOB. Je...

LAURA. Tu es homo ?

BOB. Ah non !

LAURA. Alors, on n'y va... sinon, qu'est-ce que je

dois en déduire ? que tu m'as fait croire que j'étais une femme comme les autres ?


BOB.   *(il se redresse sur ses béquilles et avance rapidement)*.   Je t'aime !


*(Ils quittent la scène – Grand bruit de chute – silence – Puis Rires complices)*.

# Table des matières